La ilustración botánica

Kristina Mercedes Urquhart

✴ Smithsonian

Autora contribuyente

Allison Duarte, M.A.

Asesoras

Tamieka Grizzle, Ed.D.
Instructora de laboratorio de CTIM de K–5
Escuela primaria Harmony Leland

Alice Tangerini
Ilustradora permanente
Smithsonian

Créditos de publicación

Rachelle Cracchiolo, M.S.Ed., *Editora comercial*
Conni Medina, M.A.Ed., *Redactora jefa*
Diana Kenney, M.A.Ed., NBCT, *Directora de contenido*
Véronique Bos, *Directora creativa*
Robin Erickson, *Directora de arte*
Seth Rogers, *Editor*
Caroline Gasca, M.S.Ed., *Editora superior*
Mindy Duits, *Diseñadora gráfica superior*
Walter Mladina, *Investigador de fotografía*
Smithsonian Science Education Center

Créditos de imágenes: portada y pág.1 Jeff Malet Photography/Newscom; pág.4 Daniel Berehulak/Getty Images; pág.6 (izquierda), pág.14, pág.17 (todas), pág.20, pág.25 (inferior), pág.26, págs.26–27 (fondo), pág.27 (superior), pág.27 (inferior) © Smithsonian; pág.7 (recuadro) cortesía de Mervi Hjelmroos-Koski, Ph.D., D.Sc.; pág.8 (inferior, derecha) Bridgeman Images; pág.9 (centro) Wellcome Images; pág.10 (izquierda) Natural History Museum, London, UK/Bridgeman Images; pág.10 (derecha) Linnean Society, London, UK/Bridgeman Images; pág.11, pág.12 (izquierda) dominio público; pág.12 (derecha) Bibliotheque des Arts Decoratifs, Paris, France/Archives Charmet/Bridgeman Images; pág.13 (izquierda) Fotosearch/Getty Images; pág.13 (derecha) The Natural History Museum/Alamy; pág.24 fotografía de Donna Calcavecchio, cortesía de Wendy Hollender; pág.25 (superior) fotografía de Carol Woodin, cortesía de Wendy Hollender; todas las demás imágenes cortesía de iStock y/o Shutterstock.

Teacher Created Materials

5301 Oceanus Drive
Huntington Beach, CA 92649-1030
www.tcmpub.com

ISBN 978-0-7439-2694-2
© 2020 Teacher Created Materials, Inc.
Printed in Malaysia
Thumbprints.25941

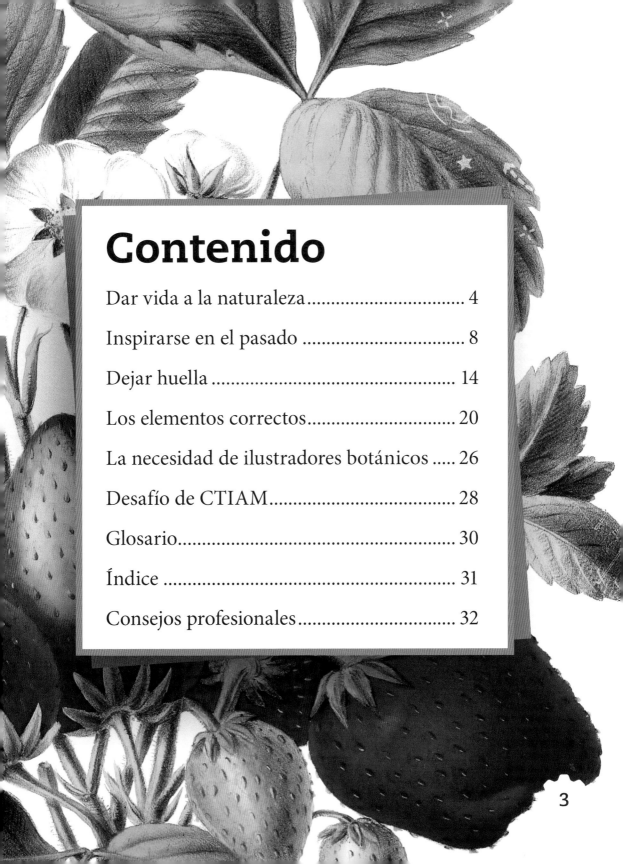

Contenido

Dar vida a la naturaleza

¿Alguna vez dibujaste una planta que habías visto en la vida real? ¿Te aseguraste de incluir cada hoja, tallo y flor que viste? ¿Tu trabajo fue **preciso** hasta en el más mínimo detalle? En ese caso, el trabajo de ilustrador **botánico** podría ser ideal para ti. Estos artistas realizan una tarea muy importante: dibujan plantas con mucho detalle. Las plantas parecen cobrar vida en las páginas.

La *botánica* es el área de las ciencias que estudia las plantas. Es una especialidad muy amplia. ¡Hay muchísimas plantas en el mundo! Un ilustrador es alguien cuyo trabajo es dibujar. Los ilustradores botánicos tienen como profesión dibujar plantas.

Los dibujos tienen diferentes usos. Algunos se utilizan para enseñar sobre las plantas en todo el mundo, y otros se exponen en **exhibiciones** de museos.

Una mujer observa arte botánico en un museo.

Una mujer dibuja flores en un jardín.

Tafel 46.

Las ilustraciones botánicas son muy detalladas.

1. Blutkraut, Lythrum salicaria.
2. Portel, Peplis portula.

Las ilustraciones botánicas pueden ser en blanco y negro, y también en color. Todo depende del estilo que elija el artista. Los dibujos en blanco y negro muestran más detalles, mientras que el color ayuda a que la obra cobre vida. Los artistas deciden qué es mejor para cada dibujo.

Muchos dibujos tienen un fondo blanco liso. Incluyen las medidas a escala de las plantas. La escala es el tamaño de una cosa comparado con el de otra. Puede haber dibujos en primer plano de algunas partes de la planta para mostrarlas con más detalle. Otros dibujos tienen algo en el fondo. Muestran cómo se ven las plantas en su ambiente natural.

Todos los dibujos muestran partes de las plantas, como raíces, tallos, hojas, capullos, flores y frutos. Los dibujos ayudan a los científicos a aprender más sobre las plantas.

Los artistas deciden si dibujarán las obras en blanco y negro o en color.

Existen bibliotecas grandes llamadas archivos donde se guardan ilustraciones botánicas. De ese modo, es más fácil encontrarlas.

Inspirarse en el pasado

Las personas han dibujado plantas desde hace miles de años. En todo el mundo, se dibujaban plantas para tener **registros** de ellas. No existían las computadoras ni las cámaras de fotos. Dibujar era la única manera de recordar las plantas importantes.

Antes de que existieran los medicamentos envasados, las personas usaban plantas para curarse. Ponían plantas sobre picaduras de insectos, cortes y magulladuras. También secaban plantas. Hacían té con ellas. Los tés se usaban como medicamentos. Las personas tomaban tés de plantas especiales para mantenerse saludables.

Las plantas que se usan así son plantas medicinales. Eso significa que ayudan a las personas heridas o enfermas a recuperarse. Las plantas medicinales eran muy importantes en el pasado. Fueron las primeras plantas que registraron los botánicos.

Las personas usan plantas para hacer medicamentos.

Dos hombres ilustran plantas en el siglo XVI.

La hierbabuena es una **hierba** que se usaba para aliviar el dolor de estómago. Además, ¡es deliciosa!

Los dibujos botánicos más antiguos tienen más de 4,000 años. ¡Son muy viejos! Los hallaron en tumbas y templos egipcios. Los griegos y los romanos también dibujaban plantas. Las pintaban en objetos de cerámica y en monedas. Los dibujos se incluían en libros llamados herbarios. Esos libros trataban sobre las plantas curativas. Facilitaban la búsqueda de plantas especiales cuando alguien las necesitaba.

La era de los descubrimientos

Los **exploradores** viajaban por el mundo para ver qué podían encontrar. Hacían dibujos de las plantas que hallaban. Querían tener registros de esas **especies** nuevas. También se llevaban semillas y plantas vivas cuando regresaban a su casa.

En el siglo XVIII, los exploradores encontraron muchas plantas nuevas. Había una necesidad de dibujar todas esas plantas nuevas. El mundo necesitaba ilustradores botánicos.

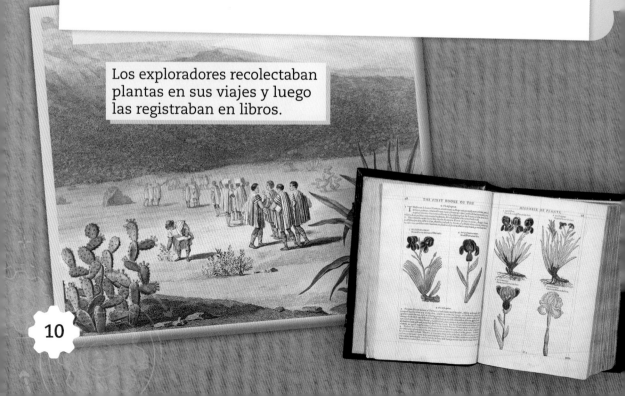

Los exploradores recolectaban plantas en sus viajes y luego las registraban en libros.

Regresar en el tiempo

Algunos ilustradores botánicos dibujan plantas que se han extinguido. Eso significa que ya no existen. Los artistas trabajan con **fósiles** para hacer dibujos de cómo se veían esas plantas cuando vivían. Algunos fósiles no están completos. Otros no muestran muchos detalles de las plantas. Para dibujar a partir de fósiles, los artistas deben combinar lo que saben de las plantas con lo que ven.

Alexander von Humboldt fue un explorador que recolectó y registró muchas plantas.

Estilos de dibujo

Existen dos estilos de ilustración botánica. El primero se llama linneano. El nombre proviene de su creador: Carlos Linneo. Cuando era niño, a Linneo le encantaban las plantas. A los cinco años, ya tenía su propio jardín. Linneo podía nombrar casi todas las plantas que veía. Cuando creció, trabajó como maestro y botánico.

Con este estilo de dibujo, las plantas tienen muchos detalles. Tienen colores hermosos. El fondo es blanco. Las partes importantes de la planta son grandes para que sea fácil verlas.

estilo artístico linneano

Carlos Linneo

A su muerte, Linneo era uno de los científicos más famosos de Europa.

William Bartram nació en 1739. Le encantaba la naturaleza y, cuando creció, se convirtió en botánico y artista. También fue poeta. Y más importante aún, fue naturalista. Compartía lo que sabía de la naturaleza enseñando a los demás sobre ella.

Bartram creó un nuevo estilo para dibujar plantas. Se llama estilo naturalista. Este estilo tiene en cuenta la naturaleza en su conjunto y no solo las plantas. Los dibujos incluyen los animales y los insectos que viven con las plantas.

obra de estilo naturalista

William Bartram

Dejar huella

Hoy día, se **contrata** a ilustradores botánicos para que dibujen plantas para los científicos. Los botánicos dedican mucho tiempo al estudio de las plantas. Los dibujos les permiten mostrar lo que han aprendido.

Lo más importante de la tarea de un ilustrador es que sus dibujos sean precisos. Eso significa que deben verse tal como se ven las plantas en la vida real. Cada detalle debe estar perfectamente dibujado.

Los dibujos deben mostrar las partes de las plantas que crean plantas nuevas. Deben mostrar las partes especiales que distinguen a una planta de otras similares. También deben mostrar cómo las plantas crecen y cambian con el tiempo. Algunas plantas crecen altas y fuertes. Otras crecen en matas cerca del piso. Ese es el *hábito* de la planta. Si bien cada planta crece de modo algo diferente, todas las plantas del mismo tipo tienen el mismo hábito.

La ilustradora botánica Alice Tangerini trabaja en una ilustración.

Tafel 41.

1e. 1d. 1b. 2b. 1c. 3c. 3b. 3d. 2a. 2c. 1a.

ilustración botánica de la adelfilla palustre

1. Sumpfröschen, Epilobium palustr
2. Dreikantiges Weidenröschen, E. t
3. Fleischer-Röschen, E. Fleischeri.

foto de la adelfilla palustre

¡Una ilustración botánica puede llevar casi 50 horas de trabajo!

Los artistas botánicos trabajan junto con los científicos que los contratan. La tarea del científico es escribir el texto que describe la planta. La del artista es hacer un dibujo que le dé más significado al texto. Ambas tareas son igualmente importantes.

En primer lugar, los científicos y los artistas tratan de identificar la planta observándola. Si no pueden identificar la planta, observan otras plantas que son similares. Eso los ayuda a saber qué partes tiene la planta y qué detalles deben destacar. Luego, clasifican la planta. Los científicos tienen **categorías** especiales para cada tipo de planta. Los artistas usan el texto como ayuda para dibujar la planta. Si la planta no tiene nombre, los científicos le inventan un nombre.

Identificación de la planta

Identificación: Girasol

Descripción: Pétalos color amarillo intenso alrededor de un disco de semillas grande color marrón; hojas en forma de corazón; tallo de 5 pies de altura; florece anualmente.

Clasificación: género Helianthus

Nombre: Helianthus annuus

hojas secas

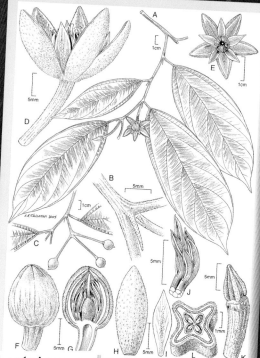

Las ilustraciones botánicas permiten ver bien los detalles.

Las plantas son bonitas

Como todos los artistas, los ilustradores botánicos piensan en los elementos del dibujo mientras trabajan. Algunos de esos elementos son:

- **línea:** ¿Las líneas deben ser gruesas o finas? ¿Claras u oscuras?

- **forma:** ¿El dibujo debe ser bidimensional (en 2D) o tridimensional (en 3D)?

- **tono:** ¿Cómo hay que sombrear el dibujo?

- **espacio:** ¿Cuánto del espacio que rodea a la planta debe incluirse en el dibujo?

- **color:** ¿El dibujo debe ser en color? ¿O en blanco y negro?

Los ilustradores botánicos deben seguir algunas reglas. Estas reglas permiten comparar con facilidad todos los dibujos de plantas. Así, personas de todo el mundo pueden entender los dibujos, ¡aunque hablen idiomas distintos!

Estas son algunas reglas de la ilustración botánica:

1. No hay que dibujar demasiadas sombras. (Tapan los detalles).

2. Los puntos crean profundidad y muestran la forma de la planta. (La profundidad es la sensación de espacio).

3. Debe parecer que la luz viene del lado superior izquierdo del dibujo. (Esto ayuda a comparar las plantas porque todas las sombras están del mismo lado).

4. Los dibujos deben ser precisos.

5. Los ilustradores botánicos deben saber todo sobre las plantas que dibujan y sus partes. (Eso se llama estructura. La estructura de una planta es el modo en que se combinan sus partes).

Flor de hibisco
Hibiscus rosa-sinensis

receptáculo

estigma

antera

sépalo

pétalo

estilo

pedicelo

TECNOLOGÍA

Herramientas de trabajo

Hoy en día, muchos ilustradores botánicos usan la computadora para dibujar. Pero las herramientas sencillas también sirven. Los ilustradores botánicos usan plumas estilográficas para dibujar los contornos y agregar profundidad. Sombrean sus dibujos con lápices de **grafito**. Usan pinceles de pelo animal para trazar curvas suaves. Finalmente, usan lápices o acuarelas para colorear.

Los elementos correctos

Para hacer un buen dibujo, los ilustradores botánicos necesitan mirar de cerca las plantas reales. Una vez que tienen las plantas para estudiarlas, es importante que usen las herramientas adecuadas para lograr la mejor ilustración posible.

El material vegetal

Las muestras de plantas pueden estar vivas o secas. En general, los artistas trabajan con plantas secas. Una planta seca es una planta que se ha preservado. Eso significa que su aspecto es igual al que tenía cuando estaba viva. Las plantas secas se almacenan en colecciones llamadas herbarios.

Los artistas también dibujan plantas vivas. ¡Algunas vienen directamente desde el jardín! Algunos artistas también son jardineros. Cultivan sus propias plantas para usarlas como **sujeto**. Otros artistas viajan por el mundo en busca de su próximo sujeto.

muestras preservadas en un herbario

Preservar las plantas

¿Alguna vez has puesto una flor entre las páginas de un libro para que se seque? Los científicos y los artistas hacen algo parecido para preservar las plantas. Primero, buscan las plantas que quieren secar. Luego, las colocan en una máquina llamada prensa botánica. La prensa botánica parece una pila de madera y papel atada con correas. Las plantas se colocan entre hojas de papel y cartón. Eso ayuda a **absorber** la humedad. Cuando las plantas están completamente secas, se pueden guardar.

Materiales para el arte botánico

Los artistas necesitan buenos materiales para dibujar. Una buena herramienta ayuda a los artistas a ser precisos. Precisos significa "exactos". ¡Los ilustradores son muy buenos en eso!

Los lápices de grafito son una de las mejores herramientas para empezar un bosquejo. Son como los que usas en la escuela. Pero estos tienen distintos tonos de gris. Son geniales para bosquejar. Es fácil sacarles punta y los dibujos son fáciles de borrar. Los artistas también usan lápices de colores. Pueden colorear rápidamente sin tener que esperar a que la tinta o la pintura se sequen.

Algunos artistas prefieren usar otros elementos. Uno es un instrumento de metal llamado plumilla. La punta de la plumilla se sumerge en un tintero para cargar la tinta. A veces también se usan plumas de aves en lugar de las plumillas. Las acuarelas son otro elemento que se utiliza para agregar color y detalles. El artista mezcla los colores y los aplica con un pincel.

una pluma en un tintero

dibujo pintado con acuarelas

Redúcela

Muchos artistas miden las plantas que dibujan. Eso les ayuda a mantener las **proporciones** en su obra. Si dibujan una planta con la mitad de su altura normal, cuidan que su anchura también sea la mitad. Eso se llama dibujar a escala.

La tecnología moderna

Los artistas usan muchas herramientas. Los lápices, las plumas estilográficas y los pinceles son algunas de ellas. Son herramientas tradicionales. Se usan desde hace mucho tiempo. Los artistas también usan herramientas modernas, como la computadora.

Los artistas botánicos practican durante años. La mayoría comienza a dibujar con lápiz. Luego, pasan a la pintura. Algunos aprenden a dibujar en tabletas electrónicas con lápices especiales. Hay programas especiales de dibujo. Esos programas permiten a los artistas borrar y agregar colores, como lo harían si dibujaran con lápices y papel. Sin embargo, a diferencia del papel, la tableta se puede usar una y otra vez. Los bosquejos pueden guardarse en la tableta en vez de en un cajón.

Los artistas botánicos pueden usar herramientas tradicionales, herramientas modernas o una combinación de ambas. Pero el objetivo es siempre el mismo. Quieren que las plantas cobren vida a través del arte.

Esta mujer dibuja con una computadora.

La ilustradora botánica Wendy Hollender usa lápices de grafito y de colores para dibujar una planta de maní.

Los ilustradores científicos también trabajan en otras ramas de las ciencias. Algunos dibujan animales vivos, como los insectos, o incluso animales extintos, como los dinosaurios.

La necesidad de ilustradores botánicos

Llevar registros es una parte importante de las ciencias. Las personas pueden aprender de los registros guardados. Los ilustradores botánicos trabajan con los científicos para crear registros de todas las plantas que encuentran. Los registros ayudan a transmitir lo que sabemos de las plantas. Los científicos del futuro pueden aprender de esos registros y ampliarlos. Tal vez un día algunas de las plantas que dibujaron los artistas se extingan. Ya no será posible verlas en la naturaleza. Lo único que quedará de ellas es el registro.

Estudiar las plantas y los animales que se han extinguido puede ser útil en el futuro. Se pueden usar los registros para descubrir qué provocó la muerte de las plantas. Y podrían encontrarse maneras de proteger a las plantas que siguen vivas. Los dibujos que se hacen hoy pueden ayudar a la gente en el futuro.

Tangerini dibuja una planta al aire libre.

Este dibujo muestra cómo puede haber sido la vida hace millones de años.

¡Esta ilustradora dibuja bajo el agua!

DESAFÍO DE CTIAM

Define el problema

A veces, los ilustradores botánicos preservan las plantas antes de dibujarlas. Otras veces, las observan en la naturaleza. Te han encargado la ilustración de una planta de tu vecindario. Tu tarea es encontrar la mejor manera de hacer un dibujo detallado de tu espécimen que otra persona pueda identificar fácilmente.

 Limitaciones: Debes dibujar la planta con el espécimen frente a ti, no de memoria.

 Criterios: Incorpora en el dibujo la mayor cantidad posible de detalles para ayudar a un compañero a identificar la planta.

Investiga y piensa ideas

¿Dónde buscan plantas los artistas? ¿Cómo recolectan los especímenes? ¿Cuáles son las ventajas y desventajas de recolectar especímenes? ¿Y cuáles son las ventajas y las desventajas de dibujar un espécimen en el campo?

Diseña y construye

Haz un plan detallado de cómo dibujarás la planta. ¿La dibujarás en el exterior, en el lugar donde crece? ¿Qué materiales y herramientas usarás? Luego, sigue tu plan y haz el dibujo.

Prueba y mejora

Después de hacer la ilustración, muéstrasela a un compañero. ¿Pudo identificar la planta? ¿Cómo puedes mejorar el dibujo? Modifica tu plan y vuelve a intentarlo.

Reflexiona y comparte

Piensa en tu experiencia. ¿Qué salió bien? ¿Qué falló?

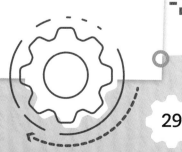

Glosario

absorber: tomar algo, generalmente un líquido

botánico: relacionado con las plantas; también, una persona que trabaja en la rama de la biología que estudia las plantas

categorías: grupos que incluyen cosas similares

contrata: encarga una tarea a alguien a cambio de dinero

especies: grupos de plantas o animales que son parecidos y que pueden producir descendientes

exhibiciones: exposiciones públicas, generalmente de arte

exploradores: personas que viajan para descubrir lugares nuevos

fósiles: huellas o impresiones de los restos de plantas o animales que quedaron preservados en la tierra o en la roca

grafito: un mineral gris que deja marcas en distintas superficies; se utiliza dentro de los lápices

hierba: un tipo de planta de aroma y sabor intensos que se usa en la cocina y para preparar perfumes y medicamentos

preciso: claro, sin errores

proporciones: la forma correcta y las medidas correctas

registros: documentos que describen hechos del pasado

sujeto: el tema de estudio

Índice

PLANT HERBARIUM

COMMUNITY GARDEN 1956

SPECIES: *Clover*
SYNONYM: *Trifolium*
LOCATION:
DATE COLLECTED:

¿Quieres dibujar la naturaleza?
Estos son algunos consejos para empezar.

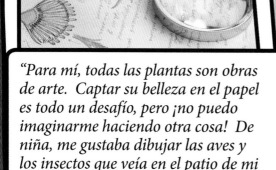

"Para mí, todas las plantas son obras de arte. Captar su belleza en el papel es todo un desafío, pero ¡no puedo imaginarme haciendo otra cosa! De niña, me gustaba dibujar las aves y los insectos que veía en el patio de mi casa. ¡Dibuja cada vez que puedas!".
—*Alice Tangerini, ilustradora*

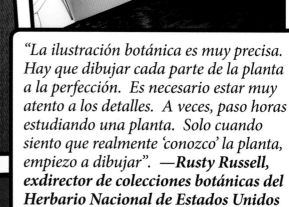

"La ilustración botánica es muy precisa. Hay que dibujar cada parte de la planta a la perfección. Es necesario estar muy atento a los detalles. A veces, paso horas estudiando una planta. Solo cuando siento que realmente 'conozco' la planta, empiezo a dibujar". —*Rusty Russell, exdirector de colecciones botánicas del Herbario Nacional de Estados Unidos*